# ÉTUDE HISTORIQUE

sur

# LES DROITS D'AUBAINE

par

M. G. DE SÈDE, BARON DE LIEOUX

Ancien Magistrat, Membre de plusieurs Académies

ARRAS

A. Courtin, imprimeur breveté, place du Wetz-d'Amain

1876

# ÉTUDE HISTORIQUE

sur

# LES DROITS D'AUBAINE

par

## M. G. DE SÈDE, BARON DE LIEOUX

Ancien Magistrat, Membre de plusieurs Académies

ARRAS

A. Courtin, imprimeur breveté, place du Wetz-d'Amain

1876

# ÉTUDE HISTORIQUE

sur

# LES DROITS D'AUBAINE

I.

Nous avons étudié, déjà, il y a quelques années, dans les Mémoires de l'Académie d'Arras, *les droits de Francs-fiefs*.

Notre intention était de parcourir successivement tous les anciens priviléges domaniaux de la Couronne. Nous avons, en conséquence, continué notre premier travail par l'examen de la législation qui régissait le droit, essentiellement régalien, d'aubaine.

Le titre d'AUBAIN, c'est-à-dire d'étranger (*alibi natus*), était une sorte d'injure ou, au moins, un sujet d'éloignement, contre lequel l'égoïsme national éprouvait le besoin d'une protection exagérée et pratiquait une défiance incessante.

Nous serions, toutefois, injustes envers le moyen-âge, si nous lui laissions toute la responsabilité de ces préventions et de ces rigueurs.

Il en avait hérité, à travers les siècles et à travers les révolutions politiques et sociales, non-seulement de ces hordes grossières et sauvages, qui, telles que les Scythes, par exemple, sacrifiaient les étrangers à des divinités terribles; mais des peuples les plus éclairés de l'antiquité.

Pour ne parler que des Grecs et des Romains, nous rappelerons la rigueur des lois de Lycurgue contre les étrangers. Il les bannit de la République ; il défend aux citoyens toute alliance avec eux et même tout trafic, en imaginant une monnaie sans valeur réelle, ce qui, dans ces temps où les titres fiduciaires n'étaient pas encore connus, devait nécessairement empêcher les relations commerciales (PLUTARQUE).

Bien que leurs mœurs fussent beaucoup plus polies que celles des Spartiates, les Athéniens n'étaient guère plus hospitaliers. Ils parquaient les étrangers dans un quartier spécial et leur refusaient l'accès des lieux publics.

S'ils n'interdisaient pas absolument tout mariage entre eux et les citoyens, ils usaient, vis-à-vis des enfants nés de telles unions, d'une séquestration rigoureuse, ils les élevaient en dehors de la ville et sans aucune communication avec leurs propres fils. Enfin, comme ils avaient pour les richesses un dédain moins profond que celui des Lacédémoniens, ils imposaient, dit Cœlius de Rhodes, les étrangers à un tribut annuel de douze drachmes, dont le recouvrement était poursuivi par voie de contrainte corporelle. (Liv. 17, chap. 9, *Lectionum Antiquarum*.)

On sait tout le prestige dont Rome entourait le titre de

citoyen. Elle lui réservait un costume particulier et punissait de mort ceux qui l'usurpaient. Il n'est pas étonnant que, sous l'empire de ses lois, les étrangers, qui étaient presque toujours, d'ailleurs, des vaincus, fussent traités avec un grand mépris.

La trace des institutions romaines est restée profondément empreinte dans notre pays. Elle a, surtout dans les contrées méridionales, survécu à tous les bouleversements des conquêtes successives, et c'est très-probablement là qu'il faut chercher l'origine du droit exceptionnel, et souvent inique, auquel les étrangers étaient soumis en France.

C'est, du moins, l'opinion de nombreux écrivains. A la vérité elle n'est point partagée par le savant auteur de l'*Esprit des Lois*. Montesquieu, sans en rapporter la preuve et sans même développer les motifs de cette assertion, attribue l'origine des rigueurs du moyen-âge envers les étrangers, aux conquêtes des barbares qui, sous ce rapport, de même que sous celui de l'organisation féodale, nous auraient légué leurs usages.

Il est d'autant plus permis d'en douter que la trace d'une législation formelle échappe, du moins à nos recherches, dans les siècles les plus reculés de notre histoire.

Ce n'est guère que dans les ordonnances de Charlemagne que l'on trouve les premiers vestiges de dispositions réglementaires s'appliquant aux étrangers. D'après ces ordonnances, il est constaté que, même avant ce souverain, les biens des étrangers appartenaient au roi.

Saint-Louis assimile les aubains aux serfs de la condition la plus abjecte et les rend taillables et corvéables à merci. Mais bien qu'il semble résulter du texte d'une de ses ordonnances que l'asservissement de l'étranger s'opère au profit du seigneur territorial, il établit, ou mieux il rétablit, plus tard, le principe de domanialité du droit d'aubaine, et déclare que les étrangers n'ont d'autre seigneur que le roi (*Etablissements*).

Ce sont là les plus anciens vestiges de la législation en ce qui touche les aubains.

Il ne faut pas, d'ailleurs, attribuer aux textes, surtout à cette époque, une autorité prépondérante. La jurisprudence s'est longtemps montrée rebelle à ces principes, et c'est seulement plus tard qu'ils reçurent une sorte de consécration par l'application qu'en firent les Chambres des Comptes et du Trésor, ainsi que les Cours de Parlement. C'est donc, surtout, dans les registres de ces tribunaux, que les feudistes et les jurisconsultes ont dû rechercher les règles et déterminer les formes des charges diverses imposées aux étrangers.

## II.

On n'a peut-être pas suffisamment insisté sur l'esprit essentiellement fiscal de nos anciennes institutions. Nous trouvons, dès l'origine, l'argent suppléant à toutes les incapacités et rachetant même tous les crimes.

Les tarifs varient : mais le principe est presque général. Il a été relevé avec beaucoup de vérité dans un document administratif, qui est à la fois l'œuvre d'un ministre distingué et d'un homme de science.

Je veux parler du rapport adressé à l'Empereur, le

15 janvier 1866, par M. le marquis de Lavalette, au sujet des archives départementales.

Cette tendance fiscale est si puissante qu'elle laisse une trace profonde jusque dans les lois de l'Église, qui auraient dû, peut-être, moins que toutes les autres, admettre des *dispenses* à prix d'argent.

Le droit d'aubaine découle directement du même principe que les droits de Francs-fiefs, moyennant lesquels le roturier pouvait posséder l'héritage noble, malgré la prohibition originelle; que les droits d'amortissement, imposés aux communautés soit civiles, soit religieuses, en vertu de la même règle ; etc., etc.

Le point de départ de l'aubaine était l'interdiction absolue et réglementaire pour l'étranger de résider sur le territoire français. Cette interdiction ne pouvait s'adoucir que par une sorte de tolérance, laquelle s'achetait à prix d'argent, d'où le droit, ou si l'on aime mieux, l'impôt qui nous occupe.

Ajoutons immédiatement, pour l'honneur de notre pays, que cet impôt n'était point particulier à la France et que les États voisins le percevaient aussi : il y avait, dans le traitement des étrangers, une réciprocité qui constitue une atténuation, dont il n'est pas permis de méconnaître la valeur.

Le roi étant le seigneur suzerain, et les autres seigneuries ou justices relevant toutes médiatement ou immédiatement de lui, l'aubaine avait un caractère essentiellement domanial et devait se percevoir à son profit exclusif.

Nous avons vu qu'il n'en fut pas toujours ainsi, surtout du temps de Saint-Louis. Même, longtemps après lui, et lorsque les formes de la justice se furent perfectionnées, il n'était pas rare que les aubains fussent rançonnés par les différents seigneurs sur les terres desquels ils habitaient.

Les abus de la force contre le droit, qui n'ont pas encore disparu, ont été si fréquents au moyen-âge, surtout dans les périodes de confusion et de guerres incessantes qui signalèrent la féodalité, que non-seulement l'étranger, mais l'habitant d'une seigneurie voisine, lorsqu'il quittait son diocèse ou sa terre, n'était pas épargné. De tels excès, tant contre des Français que contre des aubains se produisirent si fréquemment, que les seigneurs tentèrent de les faire reconnaître comme des droits légitimes. Ils y réussirent, sans difficulté, pendant cette période de faiblesse qui suivit le démembrement de l'empire de Charlemagne. On cesse de trouver jusqu'à la trace même de la compétition à ce sujet, entre la royauté et ses vassaux. Ce n'est que sous Saint-Louis, ainsi que nous l'avons vu, que les prétentions régaliennes de Charlemagne tendent à se réveiller. Mais alors la résistance naît de l'ancienne possession, et une lutte ardente et heureuse devient nécessaire, pour assurer à la royauté sa réintégration dans ses anciens priviléges.

Aussi n'est-ce qu'au xive et surtout au xve siècle que la perception de l'aubaine s'opère exclusivement au profit du trésor royal, par les receveurs ordinaires des lieux. Plusieurs comptes l'attestent, notamment celui qui fut rendu le 18 août 1456, par Jean de Nerval, secrétaire du roi, collecteur des mortes mains et formariages du bailliage de Vermandois.

Ce n'est pas à vous, Messieurs, qu'il est nécessaire de rappeler la confusion, soit en français, soit en latin, de la langue juridique dans ces temps éloignés.

Les prétentions des seigneurs et des justiciers, pouvaient, jusqu'à un certain point, sinon se justifier, du moins s'expliquer par le nom même donné aux étrangers: indépendamment de celui d'aubains ou de *pérégrini*, c'était le nom d'*espaves*. Or, les droits connus sous ce titre ou celui de biens vacants, appartenant aux justiciers, ils soutenaient, par une sorte de conséquence, que les étrangers tombaient aussi dans leur domaine.

Mais il fut reconnu que ce mot d'*espaves* n'était qu'une sorte de renforcement de celui d'étranger et s'appliquait à ceux dont l'origine était si lointaine, si inconnue, la trace native si complétement perdue, que la vérification n'en pouvait être faite.

Nous avons sous les yeux un extrait des régistres de la Chambre des Comptes, rendu sur requête du procureur du roi au Trésor, décrété en bureau le 9 avril 1540, et signé LE MAISTRE, qui précise parfaitement cette distinction entre le simple étranger et l'*espave*, de même que celle qu'il convenait de faire entre leurs biens et les biens vacants.

« Aubeins, y est-il dit, sont hommes et femmes qui sont
» naiz en villes dehors le royaulme ; si prochains que l'on
» peut cognoistre les noms et nativités de tels hommes et
» femmes. Et quant ils sont venus demourer au royaulme
» ils sont proprement appelés aubeins et non espaves.

» *Espaves* sont hommes et femmes naiz dehors le
» royaulme, de si lointains lieux que l'on ne peut au
» royaulme avoir cognoissance de leurs nativités; et
» quant ils sont demourans au royaulme se peuvent
» estre dits espaves.

» *Estrangers* sont les biens demourés de tels aubeins
» et espaves, qui sont demourans au royaulme et vont
» de vie à trépas.

» Plusieurs autres seigneurs veulent nommer tels
» biens vaccants ; mais ils ne doivent estre entendus. Car
» biens vaccants sont biens d'aventure, comme un che-
» val eschappé, que l'on ne sait à qui il est ; une bourse
» trouvée en un chemin ; un homme incogneu, trouvé
» mort ou meurdry, en un chemin. Et telles choses et
» semblables appartiennent au haut justicier, et les doit
» garder en forme et valeur ung an et rendre à celuy qui
» y vouldroit clamer et duement montrer droict » (BAC-
QUET, *éd. 1644*).

Cet extrait, qui est le résumé de la jurisprudence alors
en vigueur, et qui n'avait pu se former que par une lon-
gue pratique, a été souvent et presque textuellement re-
produit depuis.

Il a le mérite d'une briéveté relative et d'une clarté
qui ne sont guère usitées à cette époque et comporte, à
ce double titre, une attention toute spéciale.

Nous sommes trop limités par les proportions de cette
étude, et c'est d'ailleurs un point trop secondaire, pour
que nous nous étendions, autrement que dans la mesure
strictement voulue, sur la quotité essentiellement va-
riable de la taxe annuelle frappée sur les étrangers.

Elle s'élevait à douze deniers parisis par personne, dans
le ressort de la coutume de Soissons, et devait se payer
le jour de saint Remy, à peine de sept sous six deniers
d'amende. Ailleurs, on percevait moins, et en livres tour-
nois, dans les pays où cette monnaie avait cours.

Le sort des étrangers n'eût, certes, pas été trop rigoureux, si l'on se fût borné à cette imposition annuelle ; mais elle n'était que le complément des rigueurs dont on les frappait. En réalité, tout droit à la propriété, dans sa plénitude, leur était interdit, puisque la limite extrême de leurs libéralités testamentaires ne devait pas excéder cinq sous parisis.

Le roi était leur seul héritier, et les enfants, eux-mêmes, s'ils étaient nés hors du royaume, ne pouvaient recueillir la succession de leurs auteurs. Il fallait en outre un acte de légitimation pour que les enfants nés en France soit de parents étrangers, soit d'une alliance mixte, pussent succéder à leurs père et mère.

Sans cet acte, et bien qu'ils provinssent d'un légitime mariage, ces enfants étaient assimilés à des bâtards.

Le mariage des étrangers était, d'ailleurs, l'objet de dispositions sévères. Ils ne pouvaient s'unir qu'à des personnes d'une condition civile égale à la leur, et s'ils voulaient s'allier à des régnicoles, la permission du roi leur était nécessaire, à peine de soixante sous parisis d'amende.

Mais cette permission ne les affranchissait pas d'un droit énorme, perçu sous le titre de formariage, et qui, suivant les lieux, variait du tiers à la moitié de tous les biens des époux.

Les enfants des aubains nés en pays étranger, même d'un père ou d'une mère français, n'acquéraient pas cette qualité, et suivaient la condition de celui ou de ceux de leurs parents qui les y avaient amenés.

L'incapacité s'étendait à la seconde génération.

La succession des enfants d'étrangers, nés en France, était, en effet, elle-même dévolue au roi : à moins que ces enfants n'eussent, à leur tour, une descendance directe et légitime, auquel cas ils pouvaient tester en sa faveur.

On assimilait aux étrangers les personnes dont la naissance était inconnue, telles que, dit un extrait de la Chambre des Comptes, de 1576, signé DANES, « enfans » nouveaux nacquis, et gaignés par aucunes jeunes fem- » mes désirant estre célées. Et pour ce, les font mettre » aux huys d'aucunes églises, avec du sel, en signifiant » qu'ils ne sont point baptisez ; ou autres enfans apportés » d'estranges pays, comme enfans preins en guerre, si » ieusnes qu'ils ne scavent dire dont ils sont, ne les noms » de père et mère. »

Ce n'est pas sans un sentiment de tristesse que l'on peut voir la loi, qui devrait être si pleine d'une tendre sollicitude pour les enfants abandonnés, ajouter ainsi au malheur de leur naissance, en les frappant de la réprobation attachée à la qualité d'étrangers.

Il est vrai que le bâtard, sur bien des points, était assimilé à l'aubain, par le droit féodal et coutumier.

Mais n'est-il pas plus juste, et surtout plus humain, d'épargner dans d'innocentes créatures, une origine même coupable, que de s'exposer à frapper, à tort, quelques enfants légitimes ?

Quoiqu'il en soit, les aubains de naissance, de même que ceux qui le devenaient par une fiction de la loi, étaient tenus de déclarer annuellement leur domicile, afin de se faire inscrire sur le rôle de la contribution spéciale dont ils étaient passibles.

Nous ne nous étendrons pas davantage sur l'essence même des prohibitions qui atteignaient l'étranger, et qui se résumaient par ce dicton : « l'aubain vit libre, mais il » meurt serf. »

Ajoutons seulement que le roi, leur unique et légal héritier, ne conservait jamais entre ses mains les propriétés provenant d'une telle origine.

« Ainsi, dit l'extrait déjà cité du 10 janvier 1576, leurs
» successions se doibvent vendre par le collecteur, à cris
» et renoms, au plus offrant, la chandelle ardante, pour
» ce que le roy n'en peut estre homme de ses subjects.
» Desquelles ventes le dict collecteur doibt faire et bailler
» ses lettres de ventes, soubs le scel royal, ordonné au
» dict office, et aussy doibt faire recepte et despence des
» deniers et en compter en la Chambre des Comptes. »

## III.

La situation des aubains était assez rigoureuse pour que l'on tendît à s'affranchir des charges qu'elle imposait. La royauté, parmi ses priviléges, avait celui de lever, pour services rendus ou tous autres motifs, — ce qu'elle faisait la plupart du temps moyennant finances, — toutes les incapacités ou les prohibitions légales.

Elle usa fréquemment de ce droit, et nous devons le dire, presque toujours avec une haute intelligence des besoins du pays, en ce qui touche les droits d'aubaine.

Louis le Hutin voulut, en 1315, en affranchir les étudiants qui venaient chercher la vie de l'intelligence à l'Université de Paris, et reconnaissaient déjà cette ville comme la capitale de ce qui s'appela plus tard la République universelle des Lettres ; mais ses successeurs, ou plutôt les tribunaux chargés de l'application des principes.

méconnurent souvent ses intentions libérales, et continuèrent à considérer les *escoliers* comme de véritables aubains.

Dès que le grand commerce d'échange entre les différents États eut revélé ses avantages sur quelques-unes des places importantes du royaume, on comprit tout ce que les prohibitions et la fiscalité excessive pesant sur les aubains, pouvait apporter d'entraves à la libre expansion du commerce. Comment encourager la fréquentation des foires instituées dans quelques centres importants, si la mort, qui peut frapper en route le négociant, l'atteint non-seulement dans sa personne, mais encore dans ses biens?

Ce roi Louis XI que nous voyons, involontairement, peut-être, un peu trop à travers la physionomie sinistre de ses compères et de ses exécuteurs, mais dont l'esprit perçant et profond, sous les allures d'une fausse bonhomie, devançait de beaucoup son siècle; Louis XI, qui favorisa l'imprimerie et inventa la poste, fut aussi, en réalité, le premier qui osa porter atteinte aux droits frappés sur les aubains.

Une ordonnance de ce roi, rendue en 1463 (art 9), permit aux marchands qui fréquentaient les foires de Lyon de tester et de disposer de leurs biens comme bon leur semblerait, par actes faits soit avant, soit après les foires, soit en France, soit à l'étranger.

Les successeurs de Louis XI, et notamment François I<sup>er</sup>, Charles IX, Henri III et Henri IV confirmèrent et étendirent ces priviléges, car on les appliqua, non-seulement aux marchands fréquentant les foires, mais encore à ceux qui résidaient habituellement à Lyon, et aux négociants qui, sans avoir de domicile en France, y venaient pour leurs affaires.

C'est ce qui résulte d'une sentence de Messieurs du Trésor, en date du 24 décembre 1578, confirmée par un arrêt du 27 juin 1579, qui donna main-levée de la saisie faite au préjudice de ses héritiers, des lettres de banque, cédules, obligations, etc., délaissées par un nommé Jean Hanon, habitant de Namur, et se trouvant pour les besoins de son commerce à Paris, où il était décédé dans la rue Saint-Denis (BACQUET).

C'est encore à Louis XI qu'est due la première ordonnance qui affranchit des droits d'aubaine certains étrangers venus en France pour le service du roi.

Par lettres-patentes du mois de septembre 1481, les Suisses composant la garde de ce souverain, ainsi que leurs femmes et leurs enfants, furent autorisés à posséder en France et à transmettre, de même que les régnicoles, leurs biens de toute nature. Henri II confirma ces priviléges par ordonnance du mois de février 1551. Il en avait accordé de semblables, au mois de novembre 1547, aux officiers, soldats et autres Écossais établis en France. Quelques auteurs prétendent que cette faveur remonte à Charlemagne. Toutefois, nous n'en avons retrouvé aucune trace et nous devons faire remarquer que les lettres de 1547 sont initiatives et non confirmatives.

Moins heureux que les Suisses, les Écossais furent, mais conditionnellement, admis à jouir du bénéfice de ce privilége.

En effet, la vérification des lettres du roi, opérée le 12 février 1548, limita aux héritiers régnicoles le droit de succession, à moins que les testateurs ou donateurs fussent morts soit au service du roi, soit après l'avoir quitté pour cause de vieillesse ou de maladie.

C'est ce que constate notamment une sentence du 9 décembre 1567, rendue au profit d'un nommé Montgommery, neveu d'un archer écossais.

Dix ans après, à la suite du mariage de François II, des lettres affranchissant du droit d'aubaine furent accordées à tous les Écossais demeurant en France. Mais, de même que pour l'ordonnance de 1548, il y eut, lors de la vérification, restriction, apportée, cette fois, par le Parlement, et bornant l'effet du privilége au temps où le royaume d'Écosse *resterait en l'obéissance, confédération et amitié du roi.*

On imposait, en outre, la condition d'un traitement égal en faveur des Français établis en Écosse.

Quelques années auparavant, en 1550, pour favoriser le commerce important du Portugal avec la France, et faisant application du système inauguré par Louis XI, Henri II avait permis aux négociants portugais de s'établir dans le royaume, *avec leurs familles, serviteurs, facteurs et entremetteurs* (le mot n'avait pas alors la même signification qu'aujourd'hui), et d'y jouir de toutes les libertés et priviléges *dont usaient les propres sujets du roy et ce, sans payer aucune finance.*

Mais les lettres-patentes qui concédaient ces avantages ne furent pas complétement exécutées. Déjà l'enregistrement au Parlement en avait singulièrement atténué la portée, puisque le bénéfice en fut restreint aux héritiers régnicoles, ainsi que le constate la mention suivante, du 22 décembre 1550, inscrite au dos desdites lettres :

« *Registrata , audito procuratore generali regis, pro*

» *utendo per supplicantes, quam diù in regno morabuntur,*
» *beneficio dictarum litterarum, proviso quod heredes eorum*
» *et personnæ in quorum favorem disponent de suis bonis*
» *erunt regnicolæ.* »

En outre, les Chambres des Comptes ne voulurent les
admettre que pour un nombre limité de Portugais, aux-
quels elles imposèrent une taxe de cent quinze écus d'or
au soleil, ainsi que le constate une délibération du 25 juin
1551.

IV.

En dehors des besoins du commerce, de semblables
priviléges avaient aussi été précédemment établis en faveur des habitants de certaines villes et de certaines provinces.

Nous citerons, parmi les plus anciennes, les lettres-
patentes accordées aux habitants de Cambray et du Cambrésis par le roi Charles VI, le 30 juillet 1406, vérifiées
en la Cour de Parlement le 31 août de la même année.
Elles furent appliquées notamment dans une sentence du
3 octobre 1562, rendue à propos de la succession de M. Jean
Dupuis, prêtre, natif de Cambray, ouverte à Paris et échue
à autre Jean Dupuis, doyen de l'église paroissiale de Cambray, et à Jeanne Dupuis, frère et sœur du défunt ; laquelle
sentence, sur l'avis conforme de Messieurs les gens du
roi et la production d'un arrêt du Conseil privé, en date
du 23 février 1561, accorda main-levée de la saisie faite
sur les biens de ladite succession, mais à charge, est-il

dit, « qu'en cas semblable, les originaires et habitants
» du royaume de France ne seront aucunement empêchés
» de succéder et hériter des biens de leurs prochains pa-
» rents demeurant au pays de Cambrésis. »

Les guerres qui firent passer alternativement certaines
provinces, telles que la Savoie, le Milanais, la Flandre,
l'Artois, etc. sous la domination française et étrangère,
durent nécessairement entraîner de grandes perturba-
tions et de grandes difficultés dans l'application du droit
d'aubaine.

Il arrivait que tel individu, né pendant la domination
française, et conséquemment Français, avait pu acquérir
dans le royaume, et comme régnicole, des propriétés
qu'il était empêché de transmettre à ses héritiers, parce
que, dans l'intervalle, il avait perdu cette qualité de
Français.

Quelque curieuses que soient les nombreuses contes-
tations à cet égard, dont nous avons relevé la trace dans
les ouvrages de jurisprudence, on comprendra facilement
que nous nous abstenions ici de multiplier les citations.

On nous permettra, toutefois, de rapporter quelques
espèces concernant la province dont Arras était la capitale.

On considérait généralement, au XVIᵉ siècle, les habitants de l'Artois comme de véritables régnicoles. Ainsi,
main-levée fut accordée de la saisie faite sur la succession
d'un nommé Pierre Colé, en son vivant, chanoine de
Senlis, natif d'Abancourt, au pays d'Artois. Cette main-
levée eut lieu en vertu de lettres-patentes du roi, qui
déclaraient habile à succéder au défunt, Mᵉ Pierre Colé,
notaire royal et procureur au siége de Péronne, son cousin. Ces lettres tenaient et réputaient le dit défunt « avoir

» été vray et naturel régnicole, comme natif et originaire
» du pays d'Artois. » Elles furent enregistrées en Cour
de Parlement, ouï le procureur général du roi, pour en
jouir par l'impétrant selon leur forme et teneur, le 18 février 1578.

Le 23 janvier de l'année suivante, une décision dans le
même sens fut rendue par Messieurs du Trésor au profit d'Anne Gautier, demeurant au pays d'Artois, touchant
les biens meubles et immeubles composant la succession
de M. Pierre-Nicole Gautier, en son vivant, principal du
collége d'Arras, fondé en l'Université de Paris, bien que
le défunt, originaire du comté de Saint-Pol, et qui avait
« *longuement démouré et regenté en la dicte Université* »,
n'eût obtenu du roi aucune lettre de déclaration.

Le même Gautier, dont les biens ont motivé la décision précédente, déjà principal du collége d'Arras vingt
ans auparavant, avait, en vertu d'une sentence du 16
mars 1558, recueilli, conjointement avec M. Pierre Gal-
land, principal de Boncourt, tant comme exécuteur tes-
tamentaire que comme légataire universel, la succession de M. Jean Cousin, natif d'Artois, lequel, né et rési-
dant à Paris avant le traité de Madrid, n'avait cependant
obtenu du roi aucune lettre de déclaration.

Les principes dont ces diverses espèces consacrent
l'application étaient, du reste, en vigueur pour toute la
Flandre, pour tous les Pays-Bas et même pour les provinces qui, telles que la Savoie, le Milanais, etc., avaient
été tour à tour possédées et perdues par les rois de France.

Il en résultait que ces divers pays, ayant dépendu de
la Couronne avant l'abandon forcé qu'en fit François Ier
par le traité de Madrid, leurs habitants qui, par le sort

de la guerre ou plutôt par le consentement du souverain, et non par l'effet de leur propre volonté, étaient passés sous un sceptre étranger, ne cessèrent pas d'être considérés comme régnicoles, et furent, à charge de réciprocité, affranchis des droits d'aubaine.

Cette jurisprudence ne s'appliqua naturellement que pendant les périodes de paix. Quand la guerre se rallumait entre la France et les souverains possesseurs des provinces dont il s'agit, leurs habitants étaient traités avec la rigueur que l'on exerce envers des ennemis, et assimilés aux étrangers les moins favorisés.

Il est juste de faire observer que ce traitement était réciproque et que, notamment LL. MM. les rois d'Espagne n'en usaient pas autrement à l'égard des Français, dans les provinces dont il s'agit.

Ainsi, non-seulement les successions, mais les meubles, les rentes constituées, et les personnes mêmes tombaient de part et d'autre au pouvoir de l'ennemi, et n'étaient restituables après la réconciliation qu'autant que les objets saisis se retrouvaient en nature, dans les mains de ceux qui en avaient obtenu la concession.

## V.

Les citations qui précèdent et l'esprit général de la doctrine et de la jurisprudence font ressortir, dès le XVIe siècle, et d'une manière sensible, la tendance qui prévaudra définitivement plus tard, de traiter les étrangers, en France, sur le pied de la plus complète réciprocité.

Si l'on a pu mettre en question, avant cette époque, de savoir si les biens des ambassadeurs, après leur décès en France, ne devaient pas être frappés du droit d'aubaine ; si des juristes sérieux ont soutenu que la fiction par laquelle ces agents retrouvent leur patrie partout où ils sont accrédités, cessait avec leur existence ; le système contraire n'a pas tardé à prévaloir, et l'on peut s'étonner que la question, elle-même, ait été agitée.

La rigueur du droit d'aubaine frappait le simple voyageur, l'otage et le messager. On a même été, malgré des lettres-patentes de François I$^{er}$ qui, à la vérité, ne furent jamais enregistrées, jusqu'à l'imposer aux officiers et soldats des troupes alliées se trouvant en France.

Mais à partir du xvii$^e$ siècle, chaque année, pour ainsi dire, fait tomber quelques-unes des prohibitions. Le droit d'aubaine suit les relations diplomatiques et s'amoindrit à chaque traité de paix ou d'alliance.

Nous ne pouvons nous livrer ici à cet examen, qui prolongerait, outre mesure, une communication que nous devons restreindre autant que possible.

Il nous resterait pour compléter, au point de vue tout-à-fait général où nous nous sommes placés dans ce rapide aperçu, à parler des lettres de déclaration et des lettres de naturalisation.

Il nous suffira de dire que les premières avaient pour objet de reconnaître dans cette qualité celui qui se prétendait Français, et que les secondes concédaient à l'étranger, sous certaines restrictions toutefois, les droits, les priviléges, la qualité même de Français.

La naturalisation était pour l'étranger ce que l'anoblissement était pour le roturier, l'amortissement pour les corporations et communautés.

Les droits d'aubaine furent perçus sous ce titre jusqu'en 1790.

Par les concessions successives que nous avons rapportées et une jurisprudence de moins en moins fiscale, ils étaient arrivés naturellement à ne représenter qu'une valeur peu importante dans les recettes du Trésor. Ils ne figurent, en effet, aux comptes de 1789, que pour une somme de quarante mille écus.

La Constituante mit une certaine solennité dans l'abrogation des lois qui les imposaient et fit, pour leur suppression, aux nations étrangères, un appel qu'elles n'entendirent pas (Décrets des 6 août 1790 et 8 avril 1791.)

On lit dans le préambule du premier :

« L'Assemblée nationale, considérant que le droit d'au-
» baine est contraire aux principes de fraternité qui doi-
» vent lier tous les hommes, quels que soient leurs pays
» et leurs gouvernements ; que ce droit, établi dans des
» temps barbares, doit être proscrit chez un peuple qui a
» fondé sa Constitution sur les droits de l'homme et des
» citoyens, et que la France libre doit ouvrir son sein à
» tous les peuples de la terre, en les invitant à jouir aussi
» sous un gouvernement libre des droits sacrés et inalié-
» nables de l'humanité ;

» Décrète, etc. »

Ce ne fut pas, toutefois, sans difficulté que le second décret fut rendu. On craignait, en présence du mauvais vouloir de l'Europe, que la France ne fût dupe de sa générosité, et l'Empire, sur le rapport de Rœderer, auquel

furent adjoints Portalis et Tronchet, résolut de restreindre
ce qu'avait de trop absolu pour ce temps, le principe posé
par la Constituante.

En effet, sans rétablir l'aubaine, le code Napoléon sta-
tua que le droit de tester et de succéder en France aux
biens des étrangers serait déterminé par le traitement fait
aux Français dans les autres États. C'était la continuation
et la consécration du principe de réciprocité que nous
avons vu dominer dès le xvi<sup>e</sup> siècle.

L'article 726 du code précité était ainsi conçu :

« Un étranger n'est admis à succéder aux biens que
» son parent, étranger ou Français, possède dans le ter-
» ritoire de l'Empire, que dans les cas et de la manière
» dont un Français succède à son parent, possédant des
» biens dans le pays de cet étranger. »

L'article 912 portait : « On ne pourra disposer au profit
» d'un étranger que dans le cas où cet étranger pourrait
» disposer au profit d'un Français. »

C'est à la Restauration qu'appartient l'honneur, et nos
lois actuelles sont assez libérales, sous ce rapport, pour
que nous ne le lui marchandions pas, d'avoir effacé les
derniers vestiges du droit d'aubaine et, au point de vue
élevé de la civilisation et des progrès dé l'esprit humain,
proclamé l'égalité complète devant la loi française.

Le 14 juillet 1819, les deux articles précédents furent
abrogés, et, en conséquence, les étrangers eurent le droit
de succéder, de disposer et de recevoir de la même manière que les Français, dans toute l'étendue du royaume.

Seulement, et c'était de toute justice, il fut stipulé que
dans le cas de partage d'une même succession entre des

co-héritiers étrangers et français, ceux-ci prélèveraient sur les biens situés en France une portion égale à la valeur des biens situés en pays étranger dont ils seraient exclus, à quelque titre que ce soit, en vertu des lois et coutumes locales.

Ajoutons que l'initiative de cette loi fut prise, par voie de proposition à la Chambre des Pairs, par M. le duc de Levis, et qu'elle motiva un rapport très-remarquable de M. le marquis de Clermont-Tonnerre.

De grands principes de droit international furent examinés et discutés à cette époque avec une élévation de vues, et de langage, peut-être trop dédaignée de nos jours, où l'oubli le plus profond étreint déjà cette génération qui nous a devancés de si peu.

Les règles qu'elle établit restent encore la base du droit international actuel, malgré quelques modifications qui ont constamment tendu à l'amélioration de nos rapports avec les nations voisines.

ARRAS, TYP. A. COURTIN.